Heinrich Preschers

Kurzverzeichnis des durchleuchtig hochgeborenen Fürsten und Herrn Reichhard

Heinrich Preschers

Kurzverzeichnis des durchleuchtig hochgeborenen Fürsten und Herrn Reichhard

ISBN/EAN: 9783743624283

Hergestellt in Europa, USA, Kanada, Australien, Japan

Cover: Foto ©Andreas Hilbeck / pixelio.de

Weitere Bücher finden Sie auf **www.hansebooks.com**

Kurtz verzeichnus des jetzigen /

Was der Durchleuchtig Hoch

geborn Fürst vnd Herr / Herr Reichard Pfaltzgraue bey Rhein / Hertzog in Bäiern ꝛc. den 18. Januarij Anno
1592. vnd die nachfolgende tage bey dem auch Durchleuchtigsten
Hochgebornen Fürsten vnnd Herrn Herrn Friderichen Pfaltzgrauen bey
Rhein / deß heiligen Römischen Reichs Ertztruchsessen vnd Churfürsten /
Hertzogen in Bäiern ꝛc. einer vermeinten Tutel vnnd Curatel
wegen zu Heidelberg gesucht : Daraus greiflich abzuneh-
men das S. F. G. ihres suchens vnd fürnemens
gantz vnd gar nicht befugt.

Allen Chur . Fürsten vnd Stende deß Heiligen Rö-
mischen Reichs / insonderheit aber der Churfürstlichen pfaltz Lehenleuten
angehörigen vnd vnterthanen / zum bericht auß
den damaln gehaltenen protocollis
gezogen.

Erstlich Getruckt zu Heidelberg im Jahr.

M. D. XCII.

Verzeichnus desjenigen was

der Durchleuchtig Hochgeborne Fürst vnd H. Herr
Reichard pfaltzgraue bey Rhein/ ꝛc. den 18. Januarij Anno 1592.
vnd die nachfolgende tage/ bey auch dem Durchleuchtigsten Hochgebor.
nen F. vnd H. Herrn Friderichen pfaltzgrauen bey Rhein/ des heiligen
Röm. Reichs Ertztruchsessen vnd Churfursten / ꝛc. einer vermeinten
curatel vnd tutel wegen/ zu Heidelberg gesucht: Daraus greifflich
abzunemen/ das S. F. G. ihres suchens vnd fürnemens
gantz vnd gar nicht befugt.

ES Ist hochgedachter Hertzog Reichard Pfaltzgraue/vngeachtet Seine F. G.
allererst vff die Furstliche begrebnuß/ so den
26 Jannarij angestelt / anhero gen Heidelberg beruffen vnd geladen/ den 15 Januarij
vff einen Sambstag daselbst mit 40 Pfer-
den ankommen: aber hernacher von dannen
auß vnder dem Titul eines Vormunds vnd der Churfürstlichen
Pfaltz Administratoris, noch vber die 50 Pferd zu sich erfordert vnd
beschrieben: Vnd hat folgenden Montags Churfürst Friderichen
Pfaltzgrauen zuerkennen geben/ Seine F. G. hette seiner Churfürst. G. etwas anzuzeigen/ Vnd darauff begert / das es seiner
Churfürstl . G. gefallen wolte/ solches folgenden Tags den 18.
Januarij/vmb 8 vhr vor mittag /beschehen möchte: Damit der
Churfürst auch wol zu frieden gewesen. Vnd ist auff bestimpten
tag vnd stunde seine Churfürst. G. sampt dero Rhäten in Seiner
F. G. gemach erschienen. Da hochgedachter Hertzog Reichard/
S. Churf. G. zugemutet/sich S. F. G. alß des nächsten Agnaten
curatel / vermög Caroli IIII gulden/ auch Kaiser Sigismundi Bull/
vnd deß alten herkommens in dem Churfürstlichen Hauß Pfaltz
zu vnderwerffen/ wie solches Seine F. G. anfenglich durch dero
Cantzler

anßkern D. Pancratium mündlich für bringen/auch nachgehends auff begern schrifftlich vberraichen lassen/Deß Inhalts wie von wort zu wort folgen thut.

Durchleuchtigster Hochgeborner Churfürst

gnedigster Herr / Welcher gestalt der Durchleuchtig Hochgebern Fürst vnd Herr / Herr Reichard Pfaltzgraue bey Rhein/ Hertzog in Baiern ꝛc. mein gnediger Fürst vnd Herr / an E. Churf. G. eine zusamenkunfft/vnd freundliche vnder rede begert/ das haben E. Churf. G. sich gnedigst zu erindern. Das nun hierauff E. Churf. G. diese stund bestimmet/vnd mit dero ansehenlich Rhäten also gutwillig erschienen/daran ist Ihren F G. besonder freundliches gefallen geschehen/Vnd seint sie ein solches vmb E Churf. G. hinwider freund Vetterlich zuverdienen vrbietig. Vnd damit E. Churf. G. die vrsachen warum solche zusammenkunfft von Ihren F. G. begert worden/kürtzlich vernemen mögen/ist es diese: Das nun mehr laider mehr als offenbar am tage/ welcher massen der Allmechtige nach seinem vnerforschlichen Rhat vnd willen/weilant den Durchleuchtigsten Hochgebornen Fürsten vnd Herren Herren Johan Casimirn Pfaltzgrauen bey Rhein ꝛc. E. Churf. G. gewesenen Vormund / vnd der Churfürstlichen Pfaltz Administratorn / Hertzogen in Baiern ꝛc. höchstseeliger gedechtnuß/auß diesem elenden Jamerthall/durch den zeitlichen tod zu sich in seinen freuden saal genommen/vnnd dardurch E. Churf. G. wie auch dero Land vnd Leute Ihres getreuen Vormund vnd Administrators beraubet.

Ob dan nun wol Ihren F. G. solcher betrübter fall nit allein für Ihre Person hertzlich laid/ Sondern auch deßwegen mit E. Churf. G. ein Christliches mitleiden tragen/vnd nichts liebers sehen vnd wünschen möchten/ dan das entweder höchstgedachtes Pfaltzgrauen Johan Casimirs Christmilder gedechtnuß F. G.

A 2   noch

auch lenger uff dieser erden sein/vnd E. Churf. G. vnd dero Land
vnd Leuten / als ein treuer Pfleger vnd Curator vorstehen können/
oder aber das E. Churf. G. das alter erreicht/das gleich wie sie in
kurtzem den Titul vnnd Namen/auch bey künfftigen Reichsver=
samlungen die session vnd stimm eines Churf. vnd was dem
anhengig von rechts wegen/ vnd laut der gülden Bull, ann:men
vnd erlangen mögen / Also auch die völlige Regierung Jhrer
Land vnd Leute/ohne anderer hülff vnd beystand fur sich selbsten=
füren vnnd vertretten können:

So ist es doch an deme/das(wie E. Churf. G. sich selbst zuer=
indern wissen werden)die guldene/ auch Kaif. Sigismundi Bullen/
vnd Constitutiones/wie auch das alte löbliche herkommen des Chur=
hauses Pfaltz in diesem fall verordnen/ setzen/ vnd wöllen/ Das
E. Churf. G. auch nach erlangter Churfürstlichen würden dan=
noch zu Regierung Jhrer Land vnd leute Jhren nechsten Agna=
ten zum Curatorn / biß in Jhr vollkommen bestendig alter haben
sollen:

Derowegen vnd dieweil zu dieser zeit Jhre F. G. nechst E.
Churf. G. der eintze/ so auß dem Churf. Stammn/vnd Fürstlich=
en hauß Simmeen noch vbrig vnd vorhanden/vnd also Jhre F.
G. Eurer Churf. G. nechster Agnat vnd bluts freund/dem in all=
weg obligen vnd gebüren will / sich der durch obangeregte Keif.
Bullen/ vnd vhr altes herkommen auffgetragener Curatel / der
nahen blutverwandtnuß nach zu nähern vnd anzunemmen: Als
kan Jhr F. G. vngeacht't sie/ als obgemelt/nichts liebers sehen
möchten / dan das E. Churf. G. zu dem alter kommen/ das sie
selbst ohne einen Curatorn Jhre Lande vnd leute regieren könten
vnd also Jhre F. G. welche ohne das bey Jhrem hohen alter mit
Jhren selbst eigenen obliegenden vielfaltigen sachen mehr als
gnugsam zuthun/ mit dieser sorg vnd mühesäliger Curatel/ dar=
bey sie nichts anderst als mühe vnd arbeit zugewarten/ verscho=
net bleiben möchte/ Dennach vnd sonderlich damit E. Churf. G
Jhr:

Jhr wohneinend Vetterlich genant spülten / Sie auch aller vet-
wieß/ denn sie nit allein bey Rom.Kaif.M.vnserm aller gnedig-
sten herrn / vnd gemeinen Ständen deß Heiligen Römischen
Reichs/Sondern auch der lieben Posteritet / da sie ein weniger
theten / vnzweifenlich zugewarten / geübrigt vnd enthaben sein
möchten/keinen vmbgang haben/sondern sollen vnd müssen nun
mehr vnd an ieto E.Churf.G.Jhre freundliche dienst / Vetterliche trew/ vnd schuldige *Curam* freund vetterlich offeriren/in mas-
sen/ sie dan hiemit sich freundlich erklärt vnd dahin anerboten
haben/ wöllen/Das sie bey Eurer Churf.G:vnd dero Land vnd
Leuten künfftig vnd zu ieder zeit/ biß sie jhre volkommen vnd zu
recht bestimpte Jahr erreichen/ mir rhat,and that getreulich vnd
vngespartes fleiß thun wöllen/ was einem getreuen *Curatori* eigne
vnd obliget / auch E.Churf.G.vnd dero land vnd leuten zu auffnemen vnd aller wolfart geraichen mag/also vnd der gestalt/ das
E.Churf.G.daran ein gut gefallen tragen / vnd Jhren F.G.nit
allein in diesem leben / sondern wan sie nach dem willen Gottes
einmal nit mehr sein werden / dessen danck wissen vnd sagen sol-
len/wiedan hingegen Jhre F.G.Jhr keinen zweiffel machen/son-
dern der tröstlichen zuversicht seind/vnd verhoffen E.Churf.G.
werden diß Jhrer F.G.freund Vetterlich vnd wolgemeint erbieten vnd oblation / darzu neben der nahen verwandnuß sie die
Kaiserliche verordnungen antreiben / im besten vnd anderst nicht
als wolgemeint/verstehen / sich auch hinwider gegen Jhre F.G.
der massen erklären vnd erzeigen / damit sie solch Jhr Christlich
Vetterlich vnd wolgemeint fürnemen / mit desto mehrerm Lust
vnd eyffer ins werck zu richten vrsach haben mögen.

Welches E. Churf. G. ich auß gnedig empfangenen befelch
vnderthenig vermelden vnd anzeigen sollen / vnderthenigs fleiß
bittend E.Churf. G.dasselb besser/dan es vo mir fürbracht/ver-
stehen / vnd sonsten mein gnediger Churfürst vnd herr jeder zeit
sein vnd bleiben wöllen.

Daruff Sein Churf. G. dieweil es ein vnuersehen begern/Be-
dacht begert/vnd sich zu ehister gelegenheit zur antwort erbotten:
die sich aber anderer täglich furfallender geschefft wegen: biß vff
den 22. Januarij verzogen : Vff welchen tag Seine Churf. G.
mit dero Rhäten widerumb in Hertzog Reichards Pfaltzgrauen
gemach erschienen / vnd Seine F. G. durch dero Cantzlern O.
Jost Reubern widerumb mundlich beantworten/auch solche ant
wort zu dem ende schrifftlich verfassen lassen/Damit sie Hertzeg
Reicharden auff S.F.G. begern/hinwiderumb schrifftlich könte
zugestalt werden. Vnd ist der inhalt solcher antwort gewesen wie
folgt.

Was der Durchleuchtig hochgeborne Fürst vnd

herr Reichard Pfaltzgraue bey Rhein / Hertzog in Baiern rc.
jüngst verschienen Dinstags den 18 huius dem auch durchleuchtigsten hochgebornen Fürsten vnd Herrn Herrn Friderichen Pfaltzgrauen bey Rhein/ deß Heiligen Römischen Reichs Ertztruchsessen vnd Churfürsten/Hertzogen in Baiern rc. mundlich furtra
gen / vnd vff freundliche S. Churf. G. begern in schrifften hernacher zustellen lassen / das haben Se. n Churf. G. angenomen
vnd dahin verstanden.

Das hocherwelter S. Churf. G. freundlicher lieber herr Vetter vnd Vatter Hertzog Reichard Pfaltzgraue/nichts liebers sehen vnd wünschen möchte / dan das S. Churf. G. gewesener
Vormund vnd Administrator/ der auch durchleuchtigst Pfaltzgraue Johannes Casimir rc. Christmilder gedechtnuß noch län-
ger auff dieser erden sein vnd S. Churf. G. auch dero Land vnd
leuten / als ein getreuer Pfleger vnd Curator vorsehen können.
oder das Seine Churf. G. das alter erreicht/das gleich wie sie/in
kurtzem den Titul vnd Namen/ auch bey kunfftiger Reichs ver-
samlung die session vnd stimm/ eines Churfürsten/vnd was dem
anhengig/von rechts wegen/ vnd laut der gülden Bullen/ anne-
nie

men vnd erlangen/ alſo auch die völlige Regierung Jhrer Land
vnd leute/ ohne anderer hülff vnd beyſtand/ füren vnd vertretten
könten. Weiln aber die guldene/ auch Kaiſer *Sigiſmundi* Bullen
vnd *Conſtitutionis*/ wie auch des alte löliche herkommen deß Chur-
hauſes Pfalz in dieſem fall verordnen/ das Sein Churfürſt. G.
auch nach erlangter Churfürſtlichen würden zu regierung dan-
nocht Jhrer Land vnd leut Jhren nechſten Agnaten zum Cura-
torn/ biß in Jr volkommen beſtendig alter haben ſollen/ vnd dan
Seine F. G. da ſie anderſt ſo wol bey der Kaiſ. M. vnſerm aller
gnedigſten Herrn/ alß den Stänben des Reichs/ auch der lieben
Poſteritet/ alles vertwieſes geübrigt ſein wöllen/ auch ſolcher Curatel der nahen blutverwandnuß halben zu nähern vnd anzunemen gebüren thue: Alß wölten Seine F. G. neben freundlichem
dienſt vnd Vetterlicher treue/ Jhren Churf. G. ſolche ſchuldige
Curam offeriren/ vnangeſehen ſie nichts liebers ſehen möchten/ dan
das ſie Jhres hohen alters/ vnd das ſie auch mit Jhren eigenen
obligenden ſachen mehr als gnug zuthun/ mit dieſer ſorg vnd mü
heſeliger Curatel verſchont bleiben möchten.

Nun hetten Seine Churf. G. nit vnderlaſſen ſolches dero ge-
liebten Herrn Vettern anbringen in berathſchlagung zuziehen.
Vnd thun erſtliches neben ſeiner Hertzog Reicharts F. G. gern
bekennen/ das Jhre Chuf. G. ſampt dern vorlangſt verfangenen
Landen vnd leuten ein getreuen Vormund vnd Adminiſtratorn
an höchſtgedachter Hertzog Johann Caſimirs F. G. verloren:
Vnd da es nit wider den willen des Allmechtigen/ möchten ſeine
Churf. G. Seiner F. G. das zeitliche leben von hertzen gern län-
ger gegönnet haben/ damit ſie nit allein nach albereit inſtehender
endung S. F. G. getragenen Vormundſchafft vnd Admini-
ſtration/ in fur gefallenen wichtigen ſachen bey S. F. G. ſich
thats vnd beyſtands erholen/ ſondern auch ſich jederweilen zu
deroſelben begeben/ vnd mit S. F. G. als ihren geweſenen Pfleg-
vattern nicht allein freundlich ergetzen/ ſondern auch verhoffent-

A iiij   lich

ich iederzeit von deroselben / als von einem erfarnen / vnd des
Vaterlands liebhabenden Christlichen Fürsten, so viel vernemen
mögen / das S.Churf.G.in Reichs vnd Priuat sachen nützlich
gewesen were.

Dieweil es aber dem Allmechtigen Gott anderst gefallen/
müssen S.Churf. G. solchem vnerforschlichen willen vnd that
Gottes sich auch mit gedult ergeben/ vnd nunmehr dahin trach-
ten/ wie sie S.F. G.den letzten dienst leisten/nemlich deroselben
cörper Christlich vnd Fürstlich zur erden bestatten/wie bey diesem
Churhause herkommen / vnd Seine Churf.G.albereit in arbeit
stehen, vnd dan fürter S.F.G.rhats vnd lehr, so sie je zu zeiten
von deren vernemmen/ungedenck sein/vnd dessen sich gebrauche.

Was aber S.F.G.anerbottene Curatel betreffen thut/befin-
den Seine Churf.G.weder in der gulden Bull noch Kaiser Sigismundi declaration / dauon nicht ein einigen buchstaben / das ein
Churfürst/der das 18 jar erraicht/ferner einiger Vormundschaft
oder Curatel vnderworffen sein soll / sonder gibt die gulden Bull
durchauß das wiederspiel zuerkennen. So weiß sich auch Seine
Churf.G.keins widerwertigen herkommens oder exempels darin
es anderst were gehalten worden / bey dem Churhauß Pfaltz nit
zuerindern / inmassen dan weiland Seiner Churf. G. geliebter
herr Vetter vnd gewesener Curator / sich einiger weiteret Curatel hinfürter anzumassen auch nit gemaint/ sondern vrbietig ge-
wesen/(wie es dan krafft mehr besagter gulden Bull an Jhme
selbsten billich) die Churfürstliche Regierung Seiner Churf.G.
gentzlich abzudretten vnd zuvbergeben.

Dieweil nun auch in Seiner Churf. G.geliebten herrn Vatters weiland Pfaltzgraue Ludwigs Churf. Christseeligster Gedechtnuß hinderlassenen letzsten willen/ außtrücklich versehen/
wan Sein Churf.Gnaden daß 18 jar Jhres alters erraicht/ das
derselben die völlige Regierung/ vermög der gulden Bull/darauff
diß orts solche dispositio gegründet/vbergeben vnd zugestalt wer-

den

ten soll: So hat Sein Churf. G. krafft mehr besagter gülden
Bullen/ vnd darauff gegründter Vätterlichen disposition, sich in
d in Namen des Allmechtigen der Regierung Jres Churfürsten
tl umbs/ auch anderer Land vnd leute / selbst vnderfangen vnnd
vem mertern theil dero vnderthanen albereit gebürende huldigung eingenommen/ weren auch im werck/ die vbrige in gebür-
liche Pflicht zubringen/vnd vermittelst Göttlicher Gnaden vnd
hülff/mit den albereit habenden/ alten vnd andern Rhäten Jre
Regierung also zubestellen / das verhoffentlich dieselbe zur ehre
Gottes vnd deß Vaterlands/insonderheit der Pfalz wolfart/ge-
langen solle.

Das nun Seine Churf. G.lsich solcher anererb:en rechtmessig vnderfangener Regierung widerum solte begeben/das würde
derselben gantz schimpflich vnd verkleinerlich fallen / Beuor ab
dieweil die Chur vnd Fürsten / so zu seiner Churf.Gnaden albereit geschickt oder geschrieben / alle mit einander / vermög mehr
angeregter gülden Bull / S.Churf. G.für einen nunmehr selbst
regierenden Churfürsten erkennen vnd halten thun. Darum wie
Sein Churf.G.auß gehörten vrsachen / sich nit schüldig erach-
tet einiger Curatel sich ferner zuvnderwerffen / inmassen sie es
auch zuthun nit gedencken: So wöll auch Sein Churf. G. sich
freund söhnlich versehen/ Seine F.G. werde S. Churf.G. deßwegen weiters nichts zumuten/sonder Sein F.G. Jhrer selbst in
dero hohen durch Gottes gnedigen segen erlangtem alter ver-
schonen/ vnd ruhe schaffen/wie dan solches weder bey der Röm.
Kais.M.noch einigem Stand deß Reichs/sondern vielmehr S.
F.G. zu verwieß geraichen würde/da sie in so hohem alter sich eines schweren lasts vnderwinden wölten/dessen sie wol vberhaben
sein können/ Der auch Seiner F.G.zutragen keines wegs obligen oder gebüren thut,

Es thun sich aber Seine Churf.G. gegen E.F.G: deß gethanen erbietens nichts desto weniger gantz freundlich bedancken
B vnd

Erſtlich demnach Seine Churf. G. gehört/das D Pareratine
Seiner F. G. den Tetul eines Vormunds vnd der Churfürſtlichen Pfaltz Adminiſtratoris gebe/könte Seine Churf. G. E einer
F. G. ſolches tituls nicht geſtendig ſein/ ſondern bäte ſich deſſen
zu müßigen. Das Seine Churf. G. aber dieſer ſachen nicht
gnugſam ſolte berichtet ſein / vnd das die antwort von den Räh-
ten herrühre/darin wer en Seine F. G. zu viel mild berichtet. Dan
Sein Churf. G. ſelbſt den grund dieſer ſachen wiſten. Es were
auch die ſach Jhr/vnd nicht der Rhäte. Das aber Seine Churf.
G. mit rhat dero Rhäte handleten / darin ſeien ſie nicht zuver-
dencken: Das thue Seine F. G. ſelbſt: vnd hette Seine Churf.
G. ſich viel mehr vber Seiner F. G. Rhät zubeſchweren/ die ſeiner F. G. ſolch vngereimt ſuchen einbildeten. Was aber d e
hauptſach betreffen thete / irreten Seine F. G. anfenglich gar
weit/das ſie aus der gülden Bulla erzwingen wöllen/ das ein Junger Churfürſt allererſt nach erfultem 18. Jar pubes /vnd biß da-
ſelbſt hin impubes & pupillus, vnd alſo in tutela /nach ſolcher zeit aber
biß zum 25 Jar vnder der Curatel ſein ſölle. Dan davon in der
gülden Bullen nicht ein einiger buchſtab zu finden: Ja es bringe
dieſelbe durch auß das widerſpiel mit ſich/in dem ſie mit nachfolgenden worten ordnet vnd ſetzet: Wan ein Churfürſt ſtirbt/
vnd manliche Erben hinderleſſet / die alters holb n
breſthafft weren/ſo ſoll des verſtorbenen Churfürſten
eltiſter Bruder/oder neebſter Agnat/ſolcher manlic as
en Erben Verweſer vnd Vertretter ſein: (das iſt weit in
Lateiniſchen ſtehet/ TVTOR & ADMINISTRATOR ſein) als
lang biß der Elterer vnder jhnen zu ſeinen tagen vnd
rechtem alter kömpt/ das an einem Churfürſten ſein
ſoll/ achtzehen gantzer Jar: ſo zimpt jhm dan das
recht/ſtimm vnd gewalt/vnd alles das darzu gehört:
Das ſoll Jhme derſelb verweſer gentzlichen abtret-
ten/vnd mit dem ampt vffgeben. Auß welchen worten
man

man erstlich klärlich zuvernemen / das beide die Tutel vnd Curatel sich enden sollen/wan der junge Churfürst sein 18 Jar erreicht
vnd complirt: Dan in verbis T V T O R & A D M I N I S T R A T O R
werden beide Tutela vnd Cura coniunngirt/vnd sollen beide jhr end
haben/wan das 18 Jar erfüllet: welches die particule, D O N E C, im
Lateinischen/ vnd Als lang bifs/ im Teutschen/klärlich auß-
weisen:welche particule von den Rechtsgelerten temporis limitatiue
& excl. sive genant werden: Dan sie seind gleichsam wie limites temporis antecedentis,& excludunt omne tempus insequens Zum andern/so geben auch diese wort zuerkennen/ das einen jungen Churfürsten/
wan er das 18 Jahr seines alters erfüllet / nicht allein Das
recht/die stimm/die wahl einen Römischen König o-
der Kaiser zu wehlen/ sondern auch alles was darzu
gehört/solle eingeraumt vnd abgetretten werden. Welche wort
Alles was darzu gehört/von nichts anders dann von Landen vnd leuten können verstanden werden: dann sonst würden sie
nichts operriren vnd wircken. Vn solches bringt erstlich dz wort
T O T A L I T E R im Lateinischen/vnd Gentzlichen/ im Teutschen
mit sich. So ist es auch von deme abzunemen/ das wie im selben
Titul der gülden Bulla zusehen/die wahl den Fürstenthumen/vnd
vice versa die Fürstenthum der wahl anhangen: Also das wer die
wahl hat/der muß auch die verwaltung deß Fürstenthumbs haben
Welches auch daher abzunemen/das der Tutor vnd Administrator,
so lang er in tutela & Administratione ist ,tutorio & administratorio nemine
auch die stimm vnd wahl hat. Wann nu dem jungen Churfürsten
die stimm vnd wahl eingeraumt / vnd darfür gehalten wird / das
er verstendig gnug sen/der Christenheit ein tüchtig Haupt/so des
gantze reich regieren solle/ wehlen zuhelffen/ welches zwar mehr
ist/dann ein Fürstanthum zu Guberniren/so kan Jhne ja die Regierung seines aigenen Fürstenthumbs nicht abgestrickt werden.
Vnd ist das exempel noch in frischer gedechtnus / das Kaiser
Carl der V / da er 18 Jahr alt gewesen/ zum Kaiser ist erwehlet
                                B iij   worden:

worden: wie dan der exempel viel in Teutschland / Franckreich/
Engelland/ Dennemarck/ vnd andern königreichen/ vorhanden/
das die so nur 14 Jahr alt gewesen zur Regierung seint zugelas=
sen worden. Vnd das/ so viel die gülden Bull betreffen thut.

Was aber zum andern Kaiser Sigismundi Bull oder ordnung
anlangt/ wird die obangeregte dispositio der gülden Bull Caroli 1111
darin repetirt. Vnd ist man also keins wegs gestendig/ das darin
stehe/ wie sie angezogen worden/ das nemlich ein Junger Chur=
fürst sampt seinen Landen vnd Leuten vnder der Curatel / biß zu
dem erfülleten 25 Jahr sein sölle. Vnd läst sich solches auch auß
diesen worten/ Aber Hertzogthum/ Fürstenthum/ vnd
andere weltliche Herschafften zu verwesen/ wöllen
wir das solches wie von alters gehalten werde / als
von vnsern Vorfahrn Römischen Keisern vnd Köni=
gen darzu gesetzt ist : keines weges erzwingen : Ja folgt
viel mehr das widerspiel darauß: dieweil sie sich referirt auff vori=
ger Keiser satzung/ damit fürnemlich Caroli 1111 gülden Bull muß
verstanden werden/ quæ & tutelam & curam decimo octauo anno definit &
terminat: Vnd ist Caroli 1111 bulla cum clausula derogatoria außgangen/
das nemlich zu ewigen tagen nicht dagegen soll mögen statuirt
werden : Vnd da etwas dagegen statuirt würde/ vnkräfftig sein.
Zu dem so ist Sigismundi bulla auch keine publica & pragmatica lex/ würt
de auch in Reichs abschieden nicht gefunden.

Ferner vnd zum dritten/ das alt herkommen belangend/ Dem
nach Hertzog Reichards F. G. sein intent daruff gegründet/ will
seiner F. G. auch obligen/ dasselbe zubeweisen. Vnd ob wol dar=
zu Churfürst Philipsen exempel allegiert / thut es doch nichts zur
sachen: Dann es mit demselben weit ein andere gelegenheit ge=
habt/ in betrachtung er seines alters im vierdten Jahr von seinem
patruo Friderico Victorioso, als derselb ins dritte jar inn Vormund=
schaff

schafft namen die Pfaltz regieret / mit vorwissen der Kaif. Ma.
vnd der Landstende in der Pfaltz arrogiert/vnd gedachter Pfaltz
graue Friderich dardurch ein rechter Churfürst worden: wie es
dan in den dreyen ersten Jahren sich einen Vormund geschrieben / auch in Vormundschafft namen regiret/die Lehen gelihen
vnd empfangen: Nach der Arrogation aber in seinem selbst eig-
nen namen/ als ein rechter Churfürst/von neuem alle Lehen empfangen vnd gelihen / vnd nicht allein biß sein arrogirter Sohn
Philippus, funff vnd zwantzig/sondern biß derselb fast sein 29 Jahr
erfüllet/nemlich biß auff den 12.tag Decemb. Anno 1476 da er tods
verfaren/als ein recht Churf. die Chur von wegen beschehener Arrogation (que omnia iura arrogati in arrogantem transfert) regirt hat. Das
dan ferner vermeldet worden / das kein exempel im Haus Pfaltz
zufinden/das ein Churfürst der 18. Jahr alt/zu regieren angefan-
gen/ were gleichwol solches auff dieser seiten nicht nötig zu pro-
biren/ sondern wölte Hertzog Reicharden als der sich auff ein wi-
derwertigs herbringen/ ziehen vnd referiren thut/ dasselbe zu be-
weisen obligen.

Aber damit Seine Fürstl. Gnad. sehe / das es auch mit
dem herkommen anderst dan dieselbe vermeint/ geschaffen/ so
wölle man Seiner F. G. Pfaltzgraue Ludwigs des jüngern/der
ein Sohn war Ludwigs deß eltern Mit dem Bart genant/ vnd
enckel König Ruprechts/ exempel fürlegen/ dessen Vormund
Hertzog Ottho Pfaltzgraue seines Vatern Bruder gewesen.
Nach dem aber gedachter,Pfaltzgraue Ludwig der jünger/ sein 18
iar erfüllet/ist jm die völlige regierung/krafft der gülden Bull/vñ
Keiser Sigismundi ordnung/von berurtem seinem Vormund abgetretten vnd vbergeben worden:wie solches mit vnderschiedlich-
en Originalien/so bey dem Churfürstlichen Archiuo vorhanden /
vnd Seiner F.G. in continenti konten furgezeigt werden/auch in
andere wege statlich zubeweisen ist.

B   iiij   Was

Was dann zum vierdten das Vatterlich Testament betreffen thut/ hab man gewisse nachrichtung/ das Seine F.G.dasselbe vorlangst in handen gehabt / vnd von solchen Leuten bekommen habe/ die dazumahl/ wie es auffgericht werden/alhie bey Pfaltz-graue LudwigenChurfürsten/Christseligster gedechtnus/in dien. sten gewesen : Darum es keines weitern aufflegens bedurffte. Nun würde Seine F. G. in demselben finden / das außtrücklich darin statuiret / wann der Jung Herr sein 18 Jahr erreicht/ das alß dann Seinen Churf. G. die völlige Regierung von dero ge-wesenen Vormund solte vbergeben / eingeraumt vnd zugestelt werden: Vnd das allein dieser Anhang in demselben Testa-ment gemacht/das Seine Churf.G.in wichtigen sachen mit der selben gewesenen Vormünder rhat solte handlen. Da dann sein Hertzog Reichards F. G. abermaln sehen thete/ das auch Chur-fürstl Ludwig Pfaltzgraue der Herr Vatter / die gülden Bullen Caroli IIII vnd Sigismund. Impp. anders nicht verstanden/vnd sich da rin auch des herkommens erindert : In massen dann weiland Pfaltzgraue Johann Casimir/ vngeachtet Seine F. G. in der possession gewesen/dre mehr besagte gülden Bullen anderst nicht verstanden / sondern wie mit Fürstlichen vnd andern glaubwur-digen Personen zubeweisen / gentzlich entschlossen g. wesen/ dem jungen Herrn / krafft vnd vermög solcher disposition/die völlige Regierung nach dem 5 Martij/Da der Junge Churfürst sein 18 jar complirt/ abzutretten: wie dan Seine F. G. Christseligster ge-dechtnuß darzu albereit allerhand praeparatoria gemacht.So hette es mit den Rhäten die gelegenheit/ das sie in dieser sach mit der huldigung anderst nicht gethan oder gerhaten / dann was sie als verpflichtete diener/ Pflichten vnd ehrn halben zuthun vnd zura-then schüldig:wie dan auch Jrer Churf.G.Cammerjunckherr/den Jhre F. G. für einen Hoffmeister angesehen/ der rede/ wie sie vorgeben/ nicht gestendig/ sondern allein so viel gesagt zu haben anzeigen thut / das Seine Churf. Gnaden der Rhäte bedencken

in

ir dieser sachen begert : Er tie As die al er seien mit anderm ge̲
scheften jetziger zeit dermassen beladen / das sie so bald nit fertig
sein können. Dieweil dann die sachen erzelter massen beschaffen/
vnd dann Seine Churf. G. nicht gemeint nur dero exempel an̲
dern Churheusern ein beschwerlich *preiudicium* zumachen/so bdte
Seine Churf.G. gantz freundlich / Seine F.G. wölte mit der̲
gleichen fernerm zumuthen Seiner Churf.G.verschonen: Wöl̲
te auch uff den vnuerhesten fall sich rechtens erboten haben/auch
die sach an dero Verwanten vnd freund gelangen lassen. Vnd
zeigte Seine Churf.G.nach dem der Cantzler außgeredt / selbst
an / was der Cantzler fürtracht / were S.Churf. G. will vnd
meinung / vnd verstünden Seine Churf. G.die sach nit anders/
dann wie fürgebracht. Es hettens auch Seine F.G. nicht mit
ten Asten / sondern mit Seiner Churf.Gn. zuthun. Darbey
es selbigen tags geblieben.

Montags den 24. Januarij hat mehr hochgedachter Pfaltz
graue Reichard widerumn ein zusammenkunfft begert / vnd uff
verstattung derselben abermahl *in præsentia Electoris* fürbringen
lassen/wie folgt:

Ob wol Hertzog Reichards F. G. auff das jenig so von Sei̲
ner Churf. G. wegen nechst vergangenen Sambstags fürge̲
bracht / antworten köndte : So wölte sich doch Seine F.G.in
weitleufftige disputation nicht einlassen / sondern zum grunde
gehen : vnd beruhete die gantze sach uff diesen beiden fragen : Ob
Seine Churf. G. sich nit schüldig erachte / biß auff das erfüllete
18 Jahr Seine F.G.zum Vormünder zuhaben : Vnd dann/ob
sie nicht schüldig seye biß uff das 25 Jahr einen Curatorn oder
Administratorn anzunemen? Die erste frag were aus der gülden
Bulla vnd Keisers *Sigismundi* ordnung erörtert/vnd hette weiland
Pfaltzgraue Johanns Casimir Christseligster gedechtnuß selbst
sich dern beholffen/auch gegen seinen Contutorn sich darauff ge̲
zogen / Das nemlich S.F.G. Christseligster gedechtnuß / als

C   dem

ich iederzeit von derofelben / als von einem erfarnen / vnd des
Vaterlands liebhabenden ChristlichenFürsten. so viel vernemen
mögen / das S.Churf.G.iu Reichs vnd Primat sachen nützlich
gewefen were.

Dieweil es aber dem Allmechtigen Gott anderst gefallen/
mussen S.Churf. G. solchem vnerforschlichen willen vnd that
Gottes sich auch mit gedult ergeben/ vnd nunmehr dahin trach-
ten/ wie sie S.F. G.den letzten dienst leisten/nemlich derofelben
corper Christlich vndFürstlich zur erden bestatten/wie bey diesem
Churhause herkommen / vnd Seine Churf.G.albereit in arbeit
stehen/ vnd dan fürter S.F.G.rhats vnd lehr, so sie je zu zeiten
von deren vernommen/ingedenck sein/vnd dessen sich gebrauche.

Was aber S.F.G.anerbottene Curatel betreffen thut/befin-
den Seine Churf.G.weder in der gulden Bull noch Kaiser Sigismundi declaration/ dauon nicht ein einigen buchstaben / das ein
Churfürst/der das 18 jar erraicht/ferner einiger Vormundschaft
oder Curatel vnderworffen sein soll / sonder gibt die gulden Bull
durchauß das wiederspiel zuerkennen. So weiß sich auch Seine
Churf.G.keins widerwertigen herkommens oder exempels darin
es anderst were gehalten worden / bey dem Churhauß Pfalz nit
zuerindern / inmaffen dan weiland Seiner Churf. G. geliebter
herr Vetter vnd gewesener Curator / sich einiger weiteret Curatel hinfürter anzumaffen auch nit gemaint/ sondern vrbietig ge-
wesen/(wie es dan krafft mehr besagter gulden Bull an Jnne
selbsten billich) die Churfürstliche Regierung Seiner Churf.G.
gentzlich abzudretten vnd zuvbergeben.

Dieweil nun auch in Seiner Churf. G.geliebten herrn Vatters weiland Pfaltzgrauc Ludwigs Churf. Christseeligster Gedechtnuß hinderlaffenen letzten willen/ außtrucklich versehen/
wan Sein.Churf.Gnaden daß 18 jar Jhres alters erreicht/ das
derselben die völlige Regierung/ vermög der gulden Bull/daruff
diß ortes solche dispositio gegründet/vbergeben vnd zugestalt werden

ten sell: So hat Sein Churf. G. krafft mehr besagter gülden
Bullen/ vnd daruff gegründter Vätterlichen dispositionen, sich in
den Namen des Almechtigen der Regierung Ires Churfürsten
es vmbs/ auch anderer Land vnd leute / selbst vnderfangen vnnd
rem merrern theil dero vnderthanen albereit gebürende huldigung eingenommen / weren auch im werck/ die vbrige in gebür-
liche Pflicht zubringen/vnd vermittelst Göttlicher Gnaden vnd
hülff/ mit den albereit habenden/ alten vnd andern Rhäten Ire
Regierung also zubestellen / das verhoffentlich dieselbe zur ehre
Gottes vnd deß Vaterlands/insonderheit der Pfaltz wolfart/ gelangen selle.

Das nun Seine Churf. G. sich solcher anererbten rechtmessig vnderfangener Regierung widerum solte begeben/das würde
derselben gantz schimpfflich vnd verkleinerlich fallen / Beuor ab
dieweil die Chur vnd Fürsten / so zu seiner Churf. Gnaden albereit geschickt oder geschrieben / alle mit einander / vermög mehr
angeregter gülden Bull / S.Churf. G. für einen nunmehr selbst
regierenden Churfürsten erkennen vnd halten thun. Darum wie
Sein Churf.G. auß gehörten vrsachen / sich nit schüldig erach-
tet einiger Curatel sich ferner zuvnderwerffen / inmassen sie es
auch zuthun nit gedencken: So wöll auch Sein Churf. G. sich
freund söhnlich versehen/ Seine F.G. werde S. Churf.G. deßwegen weiters nichts zumuten/sonder Sein F.G. Ihrer selbst in
dero hohen durch Gottes gnedigen segen erlangtem alter ver-
schonen / vnd ruhe schaffen/wie dan solches weder bey der Röm.
Kais.M. noch einigem Stand deß Reichs/sondern vielmehr S.
F.G. zu verweiß geraichen würde/da sie in so hohem alter sich eines schweren lasts vnderwinden wölten/dessen sie wol vberhaben
sein können/ Der auch Seiner F.G. zutragen keines wegs obligen oder gebüren thut,

Es thun sich aber Seine Churf.G. gegen S.F.G: deß gethanen erbietens nichts desto weniger gantz freundlich bedancken
B   vnd

vnd das sie S. Churf. G. mit that/ hülff vnd beystand nicht v ver
lassen wöllen/ für ein vorneme Vetterliche freundschafft erken
nen: Vnd sein Jhre Churf. G. hingegen nichts desto weniger vr
bietig/ auch nach gelegenheit fürgehender sachen vnd geschefften/
mit S. F. G. wie auch andern dero Vettern vnd verwanten gute
vertreuliche Correspondentz zuhalten/ Jhren getreuen that vmb
bedencken einzuholen / vnd sich hinwider gegen S. F. G. aller
Vetterlichen freundschafft zuerweisen / wie sie dan deroselben
freund Vetterlich zu dienen ohne das geneigt.

Diese antwort ist von hochgedachts Hertzog Reichards F.
G. weder in schrifften noch auch einiger bedacht daruff begert
worden/ vnd solches darum / dieweil S. F. G. gesehen/ das der
Churfürst sich je lenger je mehr aller Regierung selbst/ wie Seine
F. G. darfür gehalten/ derselben zum *preiudicio* vnderfängen the
te: Darum Seine F. G. allein ein wenig mit dero Thäten abge
tretten/ vnd bald daruff wider erschienen/ vnd nachfolgende mei
nung *replicando* durch D. Pancratium, der Seiner F. G. den Titul
eins Tutoris & Administratoris dazumal aller erst zugeben angefan
gen/ fürbringen lassen/ Es hette Seine F. G. sich einer solchen
antwort keins wegs versehen/ in erwegung sie hierin einige Dign
tee noch nutzen/ sondern allein Seiner Churf. G. vnd derselben
land vnd leute wolfart / vnd anders nichts dan was die Keiserli
che Constitutiones vermöchten/ suchen theten: Es müsten aber S. F.
G. darfür halten / das S. Churf. G. altershalben diese sach
selbst nit verstünden/ inmassen dan dero Hoffmeister dieser tag
Seiner F. G. angezeit/ das sie es den Thäten vbergeben/ von de
nen auch diese antwort herthürede. Vnd demnach Seine F. G.
spüreten/ das die Thäte den Churfürsten des grundes nicht recht
berichtet/ wölte Seine F. G. Jhrer Churf. G. den rechten grund
anzeigen lassen / vnd erstlichen statuirte vnd ordnete die gülden
Bulla Caroli IIII, das ein junger Churfürst biß vff das 18 Jar impu
ber, vnd biß vff dieselbe zeit vnder der tutel sein sölle/ vnd stehe nicht

in

in des mündetjärigen wilkür / sonder soll vnder der Tutel sein biß
zff verflieſſung deß letzten tags . Darum ſeye Seine F. G. biß
das 18 Jar compliert/ vermündet: hernacher aber / wen Seine
Churf. G. das 18. Jar compliert/ werde dieſelbe abererſt pubes/
vnd ſeye vermög Kaiſers Sigiſmundi Bullen/ biſ. ſie das 25 Jar
compliert/ ſampt dero Land vnd leuten vnder der Curatel: dan die
Bulla Sigiſmundi refirire ſich vff die gemeine beſchribene recht/ die
da wöllen das der jenig ſo vnder ſeinen 25. Jaren iſt/ ſein gut
nicht ſelbſt zuadminiſtriren macht haben ſolle: vnd wurden beide
die gülden Bulla/ vnd Kaiſer Sigiſmund ordnung nin vielen zuſätzen
verleſen . Das es aber mit dem herkommen anderſt beſchaffen/
ſölte Seine Churf. G. beweiſen . Man wüſte aber wie lang
Churfürſt Philips vnder ſeines Vettern Hertzog Friderich Tutel vnd Curatel geweſen/ nemlich biß er das 25. Jar ſeines alters
erfüllet. Vnd demnach in deß Churfürſten antwort des Vatter-
lichen Teſtaments gedacht / hette Seine F. G. daſſelb nit geſe-
hen: wan es fürgelegt würde / wolten Seine F. G. auch alß dan
darauff antworten . Das aber der Churfürſt die huldigung einge-
nommen/ hette Seine F. G. die Räte wol zu fragen/ warum ſie
dem Churfürſten darzu gerhaten: dan ſie wiſſen/ das ſolches einem pupillo absque Curatoris auctoritate nicht gebüre: Man ſölte billich
damit eingeſtanden/ vnd Seiner F. G. beykunfft erwartet/ auch
die begrebnuß fürgehen haben laſſen / wie hiebevor beſchehen: lieſ-
ſen die huldigung vff ihrem wehrt vnd vnwerth beſtehen/ vnd be-
hielten Jhr dero notturfft vnd recht außtrücklich dagegen beuor/
mit dem angehengten begern/ Seine Churf. G. wölte Seiner F.
G. Tutel vnd Curatel ſich gutwillig vnderwerffen / vnd dero keine hinderung daran thun: das es Pfaltz vnd dero Land vnd Leuten würde zum beſten gereichen.

Darauff der Churfürſt mit ſeinen Räten ſich ein wenig vnter-
redet/ vnd alß bald durch dero Cantzlern duplic-endo nachfolgenden
Inhalts fürbringen laſſen.

B   ij   Erſtlich

Erſtlich demnach Seine Churf. G. gehört/das D Pareratin e Seiner F. G. den Tuul eines Vormunds vnd der Churfür ſtli= chen Pfaltz Administratoris gebe/könte Seine Churf. G. Seiner F. G. ſolches tituls nicht geſtendig ſein/ ſondern bäte ſich deſſen zu müßigen. Das Seine Churf. G. aber dieſer ſachen nicht gnugſam ſolte berichtet ſein / vnd das die antwort von den Räh= ten herrühre/darin weren Seine F. G. zu viel mild berichtet. Dan Sein Churf. G. ſelbſt den grund dieſer ſachen wiſten. Es were auch die ſach Jhr/vnd nicht der Rhäte. Das aber Seine Churf. G. mit rhat dero Rhäte handleten / darin ſeien ſie nicht zuver= dencken: Das thue Seine F. G. ſelbſt: vnd hette Seine Churf. G. ſich viel mehr vber Seiner F. G. Rhät zubeſchweren/ die ſei= ner F. G. ſolch vngereimt ſuchen einbildeten. Was aber d e hauptſach betreffen thete / irreten Seine F. G. anfenglich gar weit/das ſie aus der gülden Bulla erzwingen wöllen/ das ein Jun= ger Churfürſt allererſt nach erfültem 18. Jar pubes /vnd biß da= ſelbſthin impubes & pupillus, vnd alſo in tutela /nach ſolcher zeit aber biß zum 25 Jar vnder der Curatel ſein ſölle. Dan dauon in der gülden Bullen nicht ein einiger buchſtab zu finden: Ja es bringe dieſelbe durchauß das widerſpiel mit ſich/in dem ſie mit nachfol= genden worten ordnet vnd ſetzet: Wan ein Churfürſt ſtirbt/ vnd manliche Erben hinderleſſet / die alters halb ei breſthafft weren/ſo ſoll des verſtorbenen Churfürſten eltiſter Bruder/oder nechſter Agnat/ſolcher manlic es en Erben Verweſer vnd Vertretter ſein: (das iſt wie im Lattiniſchen ſtehet/ TVTOR & ADMINISTRATOR ſem) als lang bifs der Elterer vnder ihnen zu ſeinen tagen vnd rechtem alter kömpt / das an einem Churfürſten ſein ſoll/ achtzehen gantzer Jar: ſo zimpt ihm dan das recht/ſtimm vnd gewalt/vnd alles das darzugehört: Das ſoll Jhme derſelb verweſer gentzlichen abtret= ten/vnd mit dem ampt vffgeben. Auß welchen worten .

uu

man erstlich klärlich zuvernemen / das beide die Tutel vnd Curatel sich enden sollen/wan der junge Churfürst sein 18 Jar erreicht
vnd complirt: dan in verbis TVTOR & ADMINISTRATOR
werden beide Tutela vnd Cura coniungirt/vnd sollen beide jhr end
haben/wan das 18 Jar erfüllet: welches die particule, DONEC, im
Lateinischen/ vnd Als lang bis/ im Teutschen/klärlich auß-
weisen/welche particule von den Rechtsgelerten temporis limitatiue
& exclusiue genant werden: Dan sie seind gleichsam wie limites temporis antecedentis, & excludunt omne tempus in sequens Zum andern/so geben auch diese wort zuerkennen/ das einen jungen Churfürsten/
wan er das 18 Jahr seines alters erfüllet / nicht allein Das
recht/die stimm/die wahl einen Römischen König o-
der Kaiser zuwehlen/ sondern auch alles was darzu
gehört/solle eingeraumt vnd abgetretten werden. Welche wort
Alles was darzu gehört/von nichts anders dann von Landen vnd leuten können verstanden werden: dann sonst würden sie
nichts operiren vnd wircken. Vn solches bringt er silich dz wort
TOTALITER im Lateinischen/vnd Gentzlichen/ im Teutschen
mit sich. So ist es auch von deme abzunemen/ das wie im selben
Titul der gülden Bulla zusehen/die wahl den Fürstenthumen/vnd
vice versa die Fürstenthum der wahl anhangen: Also das wer die
wahl hat/der muß auch die verwaltung deß Fürstenthumbs haben
Welches auch daher abzunemen/das der Tutor vnd Administrator.
so lang er in tutela & Administratione ist ,tutorio & administratorio nemine
auch die stimm vnd wahl hat. Wann nu dem jungen Churfürsten
die stimm vnd wahl eingeraumt / vnd darfür gehalten wird / das
er verstendig gnug sey/der Christenheit ein tüchtig Haupt/so des
gantze reich regieren solle/ wehlen zuhelffen/ welches zwar mehr
ist/dann ein Fürstenthum zu Guberniren/so kan Jhne ja die Regierung seines aigenen Fürstenthumbs nicht abgestrickt werden.
Vnd ist das exempel noch in frischer gedechtnus / das Kaiser
Carl der V / da er 18 Jahr alt gewesen/ zum Kaiser ist erwehlet
                    B iij   worden:

worden: wie dan der exempel viel in Teutschland / Frankreich/
Engelland/Dennemarck/vnd andern königreichen/vorhanden/
das die so nur 14 Jahr alt gewesen zur Regierung seint zugelassen worden. Vnd das/so viel die gülden Bull betreffen thut.

Was aber zum andern Kaiser Sigismundi Bull oder ordnung
anlangt/wird die obangeregte dispositio der gülden Bull Caroli IIII
darin repetirt. Vnd ist man also keins wegs gestendig/das darin
stehe/wie sie angezogen worden/das nemlich ein Junger Churfürst sampt seinen Landen vnd Leuten vnder der Curatel / biß zu
dem erfülleten 15 Jahr sein sölle. Vnd läßt sich solches auch auß
diesen worten/ Aber Hertzogthum/ Fürstenthum/ vnd
andere weltliche Verschafften zu verwesen / wöllen
wir das solches wie von alters gehalten werde / als
von vnsern Vorfahrn Römischen Keisern vnd Köni-
gen darzu gesetzt ist : keines weges erzwingen : Ja folgt
viel mehr das widerspiel darauß:dieweil sie sich referirt auff voriger Keiser satzung/damit fürnemlich Caroli IIII gülden Bull muß
verstanden werden/ quæ et tutelam et curam decimo octauo anno definit et
terminat: Vnd ist Caroli IIII bulla cum clausula derogatoria auß gangen/
das nemlich zu ewigen tagen nichtt dagegen soll mögen statuirt
werden : Vnd da etwas dagegen statuirt würde/ vnkräfftig sein.
Zu dem so ist Sigismundi bulla auch keine publica et pragmatica lex/werd
de auch in Reichs abschieden nicht gefunden.

Ferner vnd zum dritten/ das alt herkommen belangend/Dem
nach Hertzog Reichards F. G. sein intent darauff gegründet/will
seiner F. G. auch obligen/ dasselbe zubeweisen. Vnd ob wol darzu Churfürst Philipsen exempel allegiert / thut es doch nichts zur
sachen: Dann es mit demselben weit ein andere gelegenheit ge-
habt/ in betrachtung er seines alters im vierdten Jahr von seinen
patruo Friderico Victorioso, als derselb ins tritte jar inn Vormundschafft

schafft namen die Pfaltz regieret / mit vorwiſſen der Kaiſ. Ma.
vnd der Landſtende in der Pfaltz arrogiert/vnd gedachter Pfaltz
graue Friderich dardurch ein rechter Churfürſt worden: wie er
dan in den dreyen erſten Jahren ſich einen Vormund geſchrie-
ben / auch in Vormundſchafft namen regiret/die Lehen gelihen
vnd empfangen: Nach der Arrogation aber in ſeinem ſelbſt eig-
nen namen/ als ein rechter Churfürſt/von neuem alle Lehen empfangen vnd gelihen / vnd nicht allein biß ſein arrogirter Sohn
Philippus funff vnd zwantzig/ſondern biß derſelb faſt ſein 29 Jahr
erfüllet/nemlich biß auff den 12.tag Decemb. Anno 1476 da er tods
verfaren/als ein rechtChurf.die Chur von wegen beſchehener Arrogation (quæ omnia iura arrogati in arrogantem transfert regirt hat. Das
dan ferner vermeldet worden / das kein exempel im Haus Pfaltz
zufinden/das ein Churfürſt der 18. Jahr alt/zu regieren angefan-
gen/ were gleichwol ſolches auff dieſer ſeiten nicht nötig zu pro-
biren/ ſondern wölte Hertzog Reicharden als der ſich auff ein wi-
derwertigs herbringen/ ziehen vnd referiren thut/ daſſelbe zu beweiſen obligen.

Aber damit Seine Fürſtl. Gnad. ſehe / das es auch mit
dem herkommen anderſt dan dieſelbe vermeint/ geſchaffen/ ſo
wölle man Seiner F. G. Pfaltzgraue Ludwigs des jüngern/der
ein Sohn war Ludwigs deß eltern Mit dem Bart genant/ vnd
enckel König Ruprechts/ exempel fürlegen/ deſſen Vormund
Hertzog Ottho Pfaltzgraue ſeines Vatern Bruder geweſen.
Nach dem aber gedachter Pfaltzgraue Ludwig der jünger/ ſein 18
jar erfüllet/iſt im die völlige regierung/krafft der gülden Bull/vñ
Keiſer Sigiſmundi ordnung/von berürtem ſeinem Vormund abgetretten vnd vbergeben worden:wie ſolches mit vnderſchiedlich-
en Originalien/ſo bey dem Churfürſtlichen Archiuo vorhanden /
vnd Seiner F.G. in continenti konten fürgezeigt werden/auch in
andere wege ſtatlich zubeweiſen iſt.

B   iiij   Was

Was dann zum vierdten das Vatterlich Testament betreffen thut/ hab man gewisse nachrichtung/ das Seine F.G. dasselbe vorlangst in handen gehabt / vnd von solchen Leuten bekommen habe/ die dazumahl/ wie es auffgericht worden/alhie bey Pfaltz=graue Ludwigen Churfürsten/Christseligster gedechtnus/in dien-sten gewesen : Darum es keines weitern aufflegens bedurffte. Nun würde Seine F. G. in demselben finden/ das aussdrücklich darin statuiret /wann der Jung Herr sein 18 Jahr erreicht/ das alß dann Seinen Churf. G. die völlige Regierung von dero ge=wesenen Vormund solte vbergeben / eingeraumt vnd zugestelt werden: Vnd das allein dieser Anhang in demselben Testa=ment gemacht/das Seine Churf.G. in wichtigen sachen mit der selben gewesenen Vormünder rhat solte handlen. Da dann sein Hertzog Reichards F. G. abermaln sehen thete/ das auch Chur-fürstl Ludwig Pfaltzgraue der Herr Vatter / die gülden Bullen Caroli IIII vnd Sigismund. Impp. anders nicht verstanden/vnd sich da rin auch des herkommens erindert : In massen dann weiland Pfaltzgraue Johann Casimir/ vngeachtet Seine F. G. in der possession gewesen/dre mehr besagte gülden Bullen anderst nicht verstanden / sondern wie mit Fürstlichen vnd andern glaubwur=digen Personen zubeweisen/ gentzlich entschlossen gewesen/dem jungen Herrn/ krafft vnd vermög solcher disposition/die völlige Regierung nach dem 5 Martij/Da der Junge Churfürst sein 18 jar complirt/ abzutretten: wie dan Seine F. G. Christseligster ge=dechtnuß darzu albereit allerhand praeparatoria gemacht. So hette es mit den Rhäten die gelegenheit/ das sie in dieser sach mit der hüldigung anderst nicht gethan oder gerhaten / dann was sie als verpflichtete diener/ Pflichten vnd ehrn halben zuthun vnd zura=then schüldig:wie dan auch Irer Churf.G. Cammerjunckherr/den Ihre F. G. für einen Hoffmeister angesehen/ der rede/ wie sie vorgeben / nicht gestendig/ sondern allein so viel gesagt zu haben anzeigen thut/ das Seine Churf. Gnaden der Rhäte bedencken in

in dieser sachen begert : Ehe die Rh̄die ätter seien mit andern ge-
schefften jetziger zeit dermassen beladen / das sie so bald nit fertig
sein können. Dieweil dann die sachen erzelter massen beschaffen/
vnd dann Seine Churf. G. nicht gemeint mit dero exempel andern Churheusern ein beschwerlich *præiudicium* zumachen/so bitte
Seine Churf.G.gantz freundlich / Seine F.G.wölte mit der-
gleichen fernerm zumuthen Seiner Churf.G.verschonen: Wölte auch vff den vnverhesten fall sichs rechtens erboten haben/auch
die sach an dero Verwanten vnd freund gelangen lassen. Vnd
zeigte Seine Churf.G.nach dem der Cantzler außgeredt / selbst
an / was der Cantzler fürtracht / were S.Churf.G. will vnd
meinung / vnd verstünden Seine Churf. G.die sach nit anders/
dann wie fürgebracht. Es hettens auch Seine F.G. nicht mit
den Rhäten / sondern mit Seiner Churf.Gn. zuthun. Darbey
es selbigen tags geblieben.

Montags den 24. Januarij hat mehr hochgedachter Pfaltzgrauc Reichard wiederumb ein zusammenkunfft begert / vnd vff
verstattung derselben abermahl *in præsentia Electoris* fürbringen
lassen/wie folgt:

Ob wol Hertzog Reichards F. G. auff das jenig so von Seiner Churf. G. wegen nechst vergangenen Sambstags fürgebracht / antworten könte : So wölte sich doch Seine F.G.in
weitleufftige disputation nicht einlassen / sondern zum grund
gehen : vnd beruhete die gantze sach vff diesen boden fragen: Ob
Seine Churf. G. sich nit schüldig erachte / biß auff das erfüllete
18 Jahr Seine F.G.zum Vormünder zuhaben : Vnd dann/ob
sie nicht schüldig seine biß vff das 25 Jahr einen Curatorn oder
Administratorn anzunemen? Die erst frag were aus der güldenen
Bulla vnd Keisers *Sigißmundi* ordnung erörtert/vnd hette weiland
Pfaltzgraue Johanns Casimir Christseligster gedechtnuß selbst
sich dern beholffen/auch gegen seinen Contutorn sich darauff gezogen / Das nemlich S.F.G. Christseligster gedechtnuß / als

C   dem denn nechſten Agnaten die Vormundſchafft krafft der gůld:n Bull *Caroli IIII & Sigiſmundi impp.* allein biß Sein Churf.G.das 18 Jahr erfüllet/ gebüre vnd zuſtehe. Darum beger S. Hertzog Reichars F. G. Seine Churf. G. vnd dero Rhäten wolten ſich rund mit Nein oder Ja vff die erſte frag erklären.

Daruff der Churf. antworten laſſen/ befinde ſoviel/ das die fragen der vorhin gethanen erklärung zuwiderlauffen theten. dan dieſelbe zu einer weitleufftigen diſputation von neuem vrſach geben würden : möchten leiden / Seiner Churf.G. hierunder verſchont / vnd ſie bey Ihrem nechſt vergangenen Sambſtags beſchehenem Rechts erbieten/gelaſſen würden: wölten aber ſolchen fragen nachdencken / vnd ſich nach mittags vmb zwo vhr daruff erklären. Da aber S.F.G. noch etwas weiters fürzubringen hette / wölte Seine Churf.G. ſolches auch gern anhören : könte es mit einander beantwortet/vnd der ſachen/dieweil Seine Churf.G. auch mit andern wichtigen geſchefften beladen / deſto ehe abgeholffen werden.

Daruff ließ Hertzog Reichard alß bald fürbringen / die erſte frag wer in der gulden Bull *Caroli & Sigiſmundi* erörtert/vnd a ſo beſchaffen / das S. Churf. Gn. wol alßbald daruff antworten könte. Darum dann Seine F.G. nachmals bitten thete/ könte auß *Sigiſmundi* Bull erwieſen werden/ des Seine Churf G. vnd deroſelben Land vnd leute vnder Seiner F. G. als des nechſten agnaten Curatel vnd Adminiſtration / biß ſie das fünff vnnd zwantzig Jahr erfüllet / ſein ſölte. Seine F.G. wolte die ſtimm vnd wahl Seiner Churf.G. nicht entziehen / ſondern ſich allein der Curatel vnd anhangender Adminiſtration vnderfangen. Aber es ſey noch zeit gnug der Curatel halben ſich mit einander zu vergleichen: Es ſölte nur Seine Churf.G. auff die erſte frag die Tutel betreffend ſich erklären / vnd ſich von dero Rhäten nicht verfüren laſſen/vnd zu dero ſelbſt eigenem vnheil nit vrſach geben auch wol in acht nemen/ das in Keiſers *Sigiſmundi* Bulla ein ſtraff von

v en: tausent Marck lotigs geldts den jenigen auffgesetzt / die dar
gegen werden handlen: welches auch die Räthe sölten betrachten.

Hierauff hat der Churfürst nach mittag vnd zwo vhr nach beschehener Repetition deß jenigen so Herzog Reichard Pfaltzgraue fürgebracht / nachfolgender gestalt antworten lassen.

Demnach Seine Hertzog Reichards F.G. von dem Churfürsten ein runde Categorische antwort mit Nein oder Ja vff die
frag/ob nicht Seine Churf.G. biß sie das 18 Jahr erfüllet/vnder
Seiner F.G. Tutel zu sein sich schüldig erachten / begert : so er-
klärn Seine Churf.G. sich darauff rund mit Nein / vnd solches
auß nachfolgenden vrsachen.

Erstlichen/ Dieweil die gülden Bulla nicht eigentlich meldet/
Wann sich die Tutel enden/ vnd die Curatel angehen sölle : darum müsse der Tutel ihr *terminus ex iure communi* genemmen wer-
den/ vermög deßen die *Tutela* sich endet *post completum annum ætatis
decimum quartum:* Vnd solches vmb so viel desto mehr / dieweil
krafft der gülden Bull/die *Cura* sich *decimo octauo ætatis anno* enden
thut : dauon zuvor außführung beschehen/ auch hernacher ferner
gemeldet wirdt . Dann dieweil auch *Cura decimo octauo ætatis anno*
sich endet/so müsse ja *Tutela* lang zuvor sich geendet haben. Aber
gesetzt doch keines wegs gestanden / das die Tutel vermög der
gülden Bull/ sich biß auff das erfüllte 18 Jahr erstrecken thue/ so
were doch Seiner Churf. G. bedencklich von wegen solcher ge-
rungen zeit / Seiner F.G. die Tutel einzuraumen/ oder sich derselben zu vnderwerffen. Aber dieweil Seine Churf.G. leichtlich
erachten könte / das es Seiner F. G. nicht vmb ein sorgfechtige
Tutel (deren sie doch nicht befugt) zuthun/sondern das sie vngeachtet voriger außführung / noch in den gedancken stecken / das sie
der Churf.Pfaltz Land vnd leute/biß seine Churf.G. das 25 Jar
jhres alters erreiche/ regieren vnd verwalten mögen : so wölle
Seine Churf. G. Seiner F.G. außfürlicher anzeigen lassen/
warum Seine F.G. deßen nicht befugt/der vngezwaßelten heff-

mung Seine F.G. werden hernacher selbst nicht begern / der sechs wochen halben (in welchen doch nichts angefangen werden kön te) so zu einer Churf. Regierung gehörig) mit S. Churf.G. sich zu zweyen/vnd ein sexwöchiger Tuter vnd Administrator zu sein. Das aber nach erfülltem 18 Jahr ein Churfürst nicht mehr einiger Tittel oder Curatel vnderworffen seye/ist hiebevor gnugsam außgefürt/ vnd so klar in der gülden Bull Caroli IIII & sequ. succedit Impp. erläutert/ das keiner daran kan zweiffeln. Dann außtrücklich darin gesetzt : Wann ein Churfürst stirbt/vnd minderjärige Söhne/ hoc est defectum ætatis patientes, wie in der Lateinischen/oder Die alters halben bresthafft /wie in der Teutschen gülden Bull stehet/ hinderlasset/ das als dann des verstorbenen Churfürstens elter Bruder / oder da kein Bruder vorhanden / sein nechster Agnat/ derselben Vormünder vnd Verweser/das ist wie im Lateimschen exemplari stehet/ TVTOR & ADMINISTRA TOR, sein sölle/biß der ältiste vnder solchen Söhnen sein 18 Jar erfüllet . Da dann zuvermercken/des beydes Tutela vnd Cura zu/ sammen geknüpfft/ vnnd Cura so wol (welche vnder dem wort Administrator begriffen) alß Tutela auff berürte zeit sich enden/ vnd vber solche zeit nicht hinauß gestreckt werden söllen : wie dann die particule temporis insequentis exclusive, DONEC, vnd Als lang bis/solches notwendig experiren vnd wircken thun.

Vnd solches ist zum andern vnd so viel desto vnzweiffenlicher dieweil. appellatione Tutoris sonderlich in Teutschland/ auch Curator verstanden wirdt. Vnd ob wol Tutela /vermög gemeinen beschriebnen rechten/sich im 14 Jahr des pupilli endet/ so bleiben doch die Tutores regulariter ex recepta in Germania consuetudine /in der Administration /biß die Pflegkinder entweder verheuret/oder ihr 25 Jahr erreicht / Nun wird aber in der gülden Bull außtrücklich gesetzt / das der Agnat Vormund vnd verweser sein sölle/ alß lang bis der Pflegsohn das 18 Jahr erfüllet/vnd nicht lenger. Dardurch so wol der gemaine brauch in Teutschland/ als auch
die:

die verordnung gemeiner/beschriebner Rechte uffgehaben/ vnd
in einem Churfürsten ius singulare gesetzt wird/Das nemlich eines
Churfürsten rechtes alter/id est iusta ætas, vnd wie im Lateinischen
exemplari stehet/ legitima ætas, sein soll 18 gantzer Jahr.Welches
also zuordnen in der Keiserlichen M.vnd der Stende deß Reichs
macht vnd gewalt auch gestanden. Dieweil nun Seine Churf.
G.Ihr recht alter/ iustam & legitimam ætatem, nemlich das 18 Jahr
nicht allein erreicht/ sondern auch nimmehr complirt/ vnd also
kein defectus ætatis vorhanden: So kan ja auch propter ætatis defectum, darauff Seine F. G.allein Ihr intent gründet/ derselben
ein Curator uffgedrungen vnd die Administration dero Land
vnd Leut Ihr entzogen werden.

Vber ab vnd zum dritten/ dieweil so außtrücklich in beyden
Bullen stehet/Wann ein Junger Churfürst sein 18 Jahr erfüllet/
das ihm als dann gezieme Die recht/stimm/vnd gewalt/
vnd alles das darzu gehört : Vnd das ihme solches
der Verweser gentzlichen mit dem Ampt solle vberge-
ben: Vnd wie im Lateinischen stehet/ Quam ætatem cum attigerit, ius,
Vocem & potestatem, & omnia ab ipsis dependentia, Tutor ipsi tenebitur totaliter & protinus assignare. Welche wort/ Vnd alles was darzu
gehört/ Omnia ab eis dependentia, nichts würden wircken/wann sie
nicht von Landen vnd Leuten/ vnd derselben Regierung sölten
verstanden werden. Dann man ausserhalb derselben nichts finden kan/dauon sie verstanden werden möchten . Vnd were vn-
gereimt/ auch den gemeinen beschriebnen rechten zuwider/ von
einer solchen Constitution / die mit zuthun aller Stende deß
Reichs/vnd Ihrer erfahrnen Rähte uffgerichtet/zu præsumiren/
das in derselben etwas vergebenlichs sölte gesetzt worden sein/
Zu dem/ so were es auch auff denselben fall/ da die wort/ Vnd
was darzu gehört/ nicht sölten von der regierung der Land
vnd leute verstanden werden/ ein grosser defectus vnd mangel in
der gülden Bull/ daß von der regierung des Jungen Churfür-

C iij stem

sten Land vnd Leute / gantz vnd gar nichts sölte gesetzt worden
sein. Darum müssen notwendig dieselbige wort von den Für-
stenthummen/ vnd derselben Landen vnd Leuten verstanden werden. Welches auch ferner daher abzunemen/ das nicht allein
gesetzt wird / das mit der stimm vnd wahl dem Jungen Churfürsten Alles was darzu gehört / soll eingeraumet werden/ sondern es stehet auch dabey/ das es Jhme Gentzlichen/ vnd wie
das Lateinisch exemplar lautet/ TOTALITER / sölle eingeraumet werden. Nun sein ja die Fürstenthumn Lander vnd leute/
vnd derselben Regierung das fürnembste/ so zu der Churf. würn-
den/ stimm vnd wahl gehörig. Darum folgt notwendig/ das
jhme mit der würde/ stimm vnd wahl / auch die gäntzliche Regierung müsse vberlassen werden. Dann sonst were es kein totalis
oder gentzliche einraumung.

Weiter vnd zum vierdten / das die wort Vnd alles was
darzu gehört / von den Fürstenthumen Landen vnd leuten/
zuverstehen/ vnd das ein Churfürst / wann er das 18 Jahr seines
alters erreicht / selbst seine Fürstenthum vnd Land regiren soll/
das giebt die gülden Bull im selben Titul auch mit diesen worten zuerkennen: Es ist meniglich offenbar vnd nahe der
gantzen welt kündig/ das die Durchleuchtigen der
König zu Bobeim/ der Pfaltzgraue bey Rhein/ der
Hertzog zu Sachssen / vnd der Marggraue von
Brandenburg / von wegen Jhrer Königreichen vnd
Fürstenthümen rechte wehler des Heiligen Reichs
seyen: vnd wie das Lateinisch exemplar lautet, quod virtute princi-
patuum suorum, Imperij electores sunt. Aus welchen worten sihet man
klärlich / das die stimm vnd wahl den Fürstenthumen anhangen/
vnd das die weltliche Churfürsten von wegen jhrer Fürstenthu-
men/ wie die Ertzbischoffe von wegen jhrer Ertzbisthum / die
stimm

ſtimm/ macht/ vnd gewalt haben/einen Römiſchen Keiſer zu
wehlen.

Derauß dann ferner folgt / wann einem Churfürſten /
der 18 Jahr erfüllet/ die wahl vnd ſtimme vbergeben wird / das
ihme auch das Fürſtenthum vnd deſſen regierung mit müſſe vbergeben werden. Sunt enim connexa Principatus & Vox, ſiue Ius eligendi. Ergo
cui tribuitur unum, eidem & alterum concedatur neceſſe eſt. Vnd iſt wol zu
mercken/das zu dieſer Diſpoſition Transactio Patauina, Anno 1325.
inter Ludouicum cius nominis IIII Imp. & filios, nepotemque ex fratre Rudol-
phum, & utrunque Rupertum, Palatinos Rheni, & Bauariæ Duces inita, anlaß
vnd vrſach geben hat . Darinn verglichen/ das die würde/
macht vnd gewalt/ einen Römichen Keiſer zu wehlen/ wechſels
weiſe vnder beiden heuſern oder Linien Pfaltz vnd Beiern vmgehen ſölle: Welches aber durch die gülden Bulla geändert/vnd
das der Pfaltzgraueſchafft bey Rhein die Churf.würde/ macht
vnd gewalt anhange/erkläret vnd geordnet werden.

Vnd daher kömpt auch / das eines jungen Churfürſten
Tutori /biß auff das achtzehend erfüllte Jahr die ſtimm vnd wahl
einen Römiſchen Keiſer zu wehlen/ gebürt/ dieweil er auch biß
auff dieſelbe zeit die Adminiſtration vnd regirung des Fürſten-
thumbs der Pfaltzgraueſchafft bey Rhein in ſeinen händen hat.

Weil nun die ſtimm vnd wahl einem Jungen Churfür-
ſten/ wann er ſein achtzehend Jahr erfüllet/ ſelbſt gebüret/ ſo
müß ihme auch die regierung der Land vnd Leute mit der ſtimm
vnd wahl gefolget werden.

Vnnd das dem alſo ſeye / giebt zum fünfften auch
titulus penultimus aureæ Bullæ gnugſam zuerkennen / mit dieſen
worten : Dem erſtgebornen Sohn eines Chur-
fürſten / ſoll alle Herrſchafft vnnd Recht folgens
Es ſey dann ſach das er ſeiner Sinnen beraubet.
C iij oder

oder ein Voer worden / oder eins andern mercklichen
gebrechen seye / von deßwegen er den Lenten nicht
vorsein vnd bersehen möge . Das aber vnter dann wert
Verschafft vnd recht / das Fürstenthum der Pfaltzgrave=
schafft bey Rhein / vnd alle darzu gehörige Land vnd leute/ vnd
derselben Regierung verstanden werden/das geben nicht allein die
itzt erzelte wort / vnd in sonderheit die wörter/ Vorsein vnd
bersehen/ sonder auch das ienig so vorher gehet/gnugsam zu
erkennen/nemlich/da stehet/das die Pfaltzgraueschaffe bey Rein/
vnd dero Land/ gebiet/ huldigung/ vnd dienstbarung/
vnd ein jegliches ander so darzu gehören / wie die ge=
nant seind/weder zertrent noch zertheilt/sondern dem
erstgebornen Sohn folgen sollen . Nun ist bey Seiner
Churf.G. Gott lob der gebrechen keiner zubefinden / das sie
nicht könten Land vnd Leuten vorstehen vnd herschen. Dann
alters halben ist nunmehr kein gebrechen vorhanden : Dieweil
vermög der gülden Bull beide Caroli IIII & S.gismundi Impp. S.
Churf. G. nunmehr zu Ihrem rechten alter/ hoc est,ad iustam vnd
wie im Lateinischen exemplar stehet / ad legitimam & debitam etatem
kommen . Der nun zu seinem rechten alter/das ist / ad iustam,legiti=
mam & debitam etatem gelangt/dem kan kein defectus etatis zugemeß=
sen werden . Dieweil nun kein mangel an Seiner Churf. G.
vorhanden/ warum dieselbe nicht den Leuten vorsein vnd hersch=
en könne/ so folgt ja notwendig vnd schlißlich/das derselben vn=
befugter weiß eine Curatel zugemuth/ vnd die regierung entzogen
werden will.

Ferner vnd zum Sechsten / so würde es auch ein seltzam anse=
hen haben/ vnd ein sehr vngereimt werck sein/das ein Churfürst/
so sein achtzehend Jahr erfüllet / der gantzen Christenheit ein
haupt sölte wehlen / vnd zu solchem hohen werck verstande gnug
haben/ vnd sölte nicht sein eigene vnderthanen/ ohne eines Vor=
munds oder Curatoris zuthun/regieren können. Zwar wem das
größer

gröſſer eingeraumt vnd verſtattet wird / dem kan das geringere
nicht abgeſtrickt werden. Neben dem/ ſo hat der erwelte Keiſer
die macht zu regiren vnd zu herſchen von den Churfürſten / vnd
durch denſelben wahl: Wie können aber die Churfürſten einem
Keiſer ſolche macht helffen vfftragē / die ſelbſt Jhre eigene Lande
nicht ſolten regiren konnen? Wie kan das bey einander beſtehen/
das Seine Churf. G. wie S. F. G. ſelbſt geſtanden/in Reichs
verſamlungen Jhre ſeſſion vnd ſtimm haben / mit andern dero
Mit Churfürſten in wichtigen fürfallenden Reichs geſchäfften
der Keiſ. M. ein bedencken ſollen eröffnen können/vnd doch auff
Regierung Land vnd leute ſich nicht verſtehen / ſonder einen Adminiſtratorn haben müſte? Das were ſo vngereimt das nichts
vngereimters kan oder mag erdacht werden.

Weiter vnd zum ſiebenten/ſo iſt es auch alſo in dem Hauß der
Churf. Pfalz herkommen/ das ein Jungen Churfürſten/wan er
das achtzehend Jahr erfüllet/die regirung von ſeinem geweſenen
Vormund abgetretten werden ſölle : wie man deſſen ein exempel
hat an Ludouico ii more, dem ſein Vormund Hertzog Ottho
Pfaltzgrauc/ benelds Ludouici Vatters Bruder/alß er achtzehen Jahr alt worden/ die Chur) wahl vnd ſtimm ſampt der
gantzen Regierung hat vbergeben,

So iſt zum Achten auch in der Vätterlichen diſpoſition / ſo
Seine F. G. in handen hette/geordnet/das Seiner Churf. Gnaden von dero geweſenen Vormünden / die völlige Regierung
ſölte abgetretten vnd eingeraumt werden / wann ſie das achtzehend Jahr erreicht. Dabey dann zumercken / das Churfürſt
Ludwig Chriſtſeligſter gedechtnuß/die Vormünder (das iſt Cu-
rators) geweſene Vormünd nennet . Darauß abzunemen/
das Seine Churf. G. lobſeliger gedechtnuß/die gülden Bullam
auch anderſt nicht / dann wie oben weitleufftig angeregt/verſtan-
den/das neinlich dero hinderlaſſenem einigem Erben in der Chur
wann derſelbe achtzehen Jahr ſeines alters erfüllet / die Chur-
D fürſtliche

fürstliche Regierung selbstgebüre vnd zustehe : Jn massen denn weiland Seiner Churf. Gnaden geliebter HERR Vetter vnd Pfleg Vatter hochseligster gedechtnuß / auch solche Constitutiones anderst nicht verstanden / vnd derowegen willens gewesen / nach erfülltem achtzehenden Jahr / Seiner Churf. G. die gensliche Regierung zu vberlassen. So haben sich die andere Testamentliche Vormünder / ob sie schon / leider Jhren Contradictorem verloren / doch keiner fernern Vormundschafft vber Seine Churf. Gnaden nicht angemaßt / sondern derselben zu Jhrer Churfürstlichen vnderfangenen regierung glück gewünscht. Darum werden es Seine F. Gnaden alß deren im Testament auch die geringste meldung nicht beschehen / vnd so viel desto weniger befugt sein.

Vnd hindert nicht was dagegen stuckweiß ex Sigismundi Imperatoria Bulla vorgebracht worden. Dan erstlichen ist es keine pragmatica Sanctio oder puplica lex, wie sie dann auch ins Reich nicht publiciert: so vermag sie auch das jenig nit / so daraus will erzwungen werden. Da nun von der allegirter wörter (In principatibus autem, Ducatibus & dominiis alys temporalibus gubernandis, etat-m: obseruandam esse decernimus, prout à diuis Romanorum Impp. & Regibus, nostris praedecessoribus est sancitum) Interpretation vnd deutung gestritten wird / muß die interpretatio vnd erörterung ex iure communi genommen werden / quod inuito puberi non obtrudit Curatorem. Zum andern geschicht außträcklich meldung Jhrer Keis. M. vorfaren constitutionum / darunter vornemlich Aurea Bulla, ut pote que de eadem materia agit, muß verstanden werden: Deren auch Keiser Sigismundus expresse, nedum tacite, nichts hat derogiren können / alß die cum clausula derogatoria statlich munirt vnd versehen. Vnd was darff es dieser wort haben viel disputirens / da es doch gleich als bald nach dem Sigismundus Imperator solche güldene Bullan Anno 1434 Churfürst Ludwigen gegeben / wie anderst als Hertzog Reichards F. G. darauß erzwingen will / gehalten / vnd nemlich Churfürst
Ludwigen

Ludwigen dem Jüngern / als er das 18. Jahr seines alters
erreicht / von seinem vormund Hertzog Otthen Pfaltzgrave die
Churfürstliche regierung / sampt der stimm vnd wahl ist vbergeben
worden/ inmassen solches/. wie oben gemeldet/ mit vnderschiedlichen
Originalien / so bey dem Churfürstlichen archino
vorhanden/auch sunst in andere wege vnschwer zubeweisen ist.

Endlich vnd letzlichen/ so gibt auch der gantze *contextus* Bulle Sigismundi
zuerkennen / das in derselben fürnemlich erklärt wird/
nicht wie es mit der Tutel eines minderjärigen Churfürsten zu
halten / sondern wie einer dem andern in der Chur sölle succediren
: Vnd hat Churfürst Ludwigen dem ältisten König Ruprechts
sohn vrsach gegeben eine solche erklerung zusuchen / dieweil
er gewust / das Rudolph vnd Ruprecht der elter/ beide nach
einander Ihres bruders Adolphi Söhnen die Chur entzogen/
vnd biß in Ihr ende besessen haben/da sie doch berurts Adolphi
alß des ältisten Bruders / Sohn *Ruperto uniori* gebüret hette.
Solches nun verzukomen vnd seinen Kindern die Chur zubestetigen/
hingegen aber seine Brüder dauon zuremouiren/ hat
Churfürst Ludwig der elter eine sölche erklerung der succession
halben gesuecht vnd erhalten/ vnd dieselbe auch von allen Churfürsten
bestetigen lassen. Das ist *caussa finalis* dieser Bullen gewesen
: Darumb in derselben auch von Regierung Land vnd leute
eines Jungen Churfürsten nicht viel zusuchen ist.

Auß diesem allem ist gnugsam offenbar / das Sein Hertzog
Reichards F. G. *post annum* 18 *completum* der Curatel nicht befügt/
vnd das Seiner F. G. vermeinte gründe gnugsam hinder trieben
vnd abgeleint . Darum wölle Seine Churf. G. sich nun
mehr versehen/ Seine F. G. werden auch der wenig wochen halb
keine weitere disputation erregen / inmassen dann Seine F. G.
auff so ein geringe zeit keiner Curatel von rechts wegen sich anmassen
könne. Dann erstlich muß man nicht Verba aurea Bulle,
sondern viel mehr *mentem & sententiam,* alß *animam legis,* ansehen.

D ij Das

Das ist aber *mens aureæ Bullæ, ut prospiciatur defectum ætatis patientis.*
Nun ist aber *sex septimarum spatium* vor keinen *defectum in ætate* aus-
halten. Dann innerhalb Sechs wochen wird niemanden grosse
Witz oder Verstand zuwachssen . Darumb haben alhier
trita illa Iurisconsultorum axiomata stat: *Quod parum distat, nihil distare uidetur:*
Item, *Mox cingendum, haberi pro cincto: Et, Male eum facere, qui petit id quod mox*
est restituturus. Darum erdachten Seine Churf. Gnaden sich auch
schuldig/ Seiner F. G. die wenig wochen die Vormundschafft
einzuraumen : Beuorab dieweil Seine F. G. sich einen Vormund vnd Administratorn nennen / auch neue Administration
Sigill vnd *Secreta* graben lassen : welche sie so einer kurtzen zeit
halben / darin sie doch gar nichts nützlich können verrichten/ ohne zweifel nicht thun würde . Neben dem so hetten Seiner F. G.
Rhäte von sich geschrieben vnd sich verlauten lassen / Man sölte
bald sehen / wie es den Caluinisten zu Heidelberg vnd in der
Pfaltz werde ergehen. Darauß Seine Churf. G. anderst nicht
abnemen könten / dann das Seine F. G. beids Geistlich vnnd
Weltlich alles mit einander vber einen hauffen stossen würden.
Oderweil nun Seiner Churf. Gnaden gebüren wölle solchem vnheil vorzukommen / vnd sich bey rechtmessig vnderfangener regirung hand zu haben/ so könne dieselbe Seiner F. Gn. nichts/ weder der Tutel noch Curatel halben/ einraumen : vnd wölle sich
deßwegen einmal vor alles hiemit rund erklärt / auch dero voriges
rechts erbietens widerholet haben : Deß versehens/ S. F. G.
würden sich mit diesem bericht vnd erbieten settigen lassen / vnnd
darüber In S. Churf. G. weiter nicht dringen. Dann S.
Churf. Gn. gedächten sich weiter dieser sachen halben mit S. F.
G. nicht einzulassen : Weren aber sonst deroselben allen Vetterlichen willen zuerzeigen vrbietig.

Daruff Hertzog Reichard ein abtritt genommen . Es ist aber
der Churfürst/ S. F. G. widerkunfft ohnerwartet/ hin weg gang-
en/ vnd zween Rähte hinderlassen / die Seiner F. Gnaden die
vrsachen/

rsachen/ warum Seine Churf.Gn.hinweg gangen / anzeigen
sölten/ darumb nemlich daß Seine Churf.G. nicht gemeint sich
weiter dieser sachen halben einzulassen/ sondern liesse es bey dero
erklerung bewenden . Dabey es also biß auff den 18 Januarij/
auff welchen tag Hertzog Reichard Pfaltzgraue hinweg gezogen/
verblieben. Dann Seine F.G. selbigen tags vor dem Morgenessen widerum audientz begert / vnd auff erstattung derselben
durch dero Cantzlern anzeigen lassen / sie hette jüngst ein kurtzen
bedacht genomen vnd weren willens gewesen / sich alß bald daruff zuerkleren . Dieweil es aber dazumal auch frühero nicht beschehen können / so hette Seine F.G. vor dero abreisen noch anzeigen wöllen / das dieselbe jüngst so viel vernomen / das man die
gülden Bull in einem frembden verstand auffnemen thue : vnd
eb wol Seine Churf. G. das achtzehend Jahr jhres alters noch
nit erfüllet / das sie sich doch keiner Tutel oder Curatel vnderwerffen wölle. Nun hetten Seine F.G. die sach durch höchver-
stendige vnd gelerte Leut berathschlagen lassen/ vnd bey denselbi-
gen befunden/das sie der Tutel biß ins achtzehend Jahr/ der Curatel aber biß ins fünff vnd zwentzigst befugt. Aber Seine F. G.
wöllen es auff diß mahl/dieweil sie dero gemahlin schwacheit halben von hinnen reisen müssen/nicht disputiren/ doch protestando
Jhr recht Jhr vorbehalten haben/vnd was Jhr vnd Jhrer posteritet notturfft erforderte/bedencken/ vnd könten Seine F.G. sich
deß Tituls vnd Secrets/ wie begert/ nicht begeben/sondern ge-
dachten sich derselben biß vff den 5 Martij schirstkunsftig zugebrauchen. Dero Ahäie betreffend/ begerten sie die namhaft zu-
machen/so solche ding von sich geschrieben : vnd erbott sich zu aller Correspondentz vnd Vetterlichen freundschafft.

Daruff als bald von des Churfürsten wegen kürtzlich geant-
wort worden : Man habe diß orts die gülden Bulla in jhrem
rechten verstand/ wie dann die wort ausweisen/ angezogen/vnd
mit dem herkommen solchen verstand bestetigt / vnd lasse es bey

höriger gründlicher außfürung bewenden. Da Seine F.G. vnd
andere/ die sie darunder gehört/ den sachen reiffer/ vnd im grund
würden nachdencken/ werden sie mit Seiner Churf.G. leichtlich
einig sein. Dann alle anwesende Fürstliche Personen/auch der
abwesenden gesanten / S.Churf. G. in dieser sachen beyfallen
vnd recht geben/vnd lasse S.Churf.G. die protestation uff ihrem
werth vnd vnwerth beruhen: Vnd bedinge sich hingegen/da S.
F.G. etwas S.Churf.G. zum *praeiudicio* solte fürnemen/das S.
Churf. G. nicht wurden vmbgang haben können Ihre notturfft
auch dagegen zubedencken. Sigill vnd Titul betreffend/habe S.
F.G. verstanden/warumb sie darzu nicht befugt: würde Seiner
F. G. schimpfflich sein den Titul vnd Sigill allein fünff wochen
zufüren vnd zugebrauchen : Wölte auch seine Churf. G. S.F.
G. deßwegen nichts eingewilligt haben. Was der diener halben
angezeigt/ dessen hetten Seine Churf. G. guten grund/ könten
dieselben *in specie* wol namhafft machen. Dieweil es aber zu keiner freundschafft gereichen thue/ wölten sie es vor diß mahl bleiben lassen.

    Darauff Hertzog Reichard selbst diese wort geredt/Sie wölten
der sachen weiter nachdencken: seine Churf.G. solte deßgleichen
thun.Das die anwesende Freunde vnd der abwesenden gesanten
S. Chu.G.beyfallen/könte Seine F.G. leichtlich erachten/wer
dieselbigen seyen: wan sie es gut mit der Pfaltz meinten/würden
sie anderst reden . Darauff seint beyde Chur vnd Fürsten zum
Morgenessen gangen / vnd ist Hertzog Reichard nach dem essen
wider hinweg gezogen

    Auß dieser erzehlung kan ein jeglicher / auch ge-
ringes verstands / vnschwer vrtheln / das Hertzog Reichard
Pfaltzgrave/ seines suchens nicht befugt/ vnd das die gülden
Bull/ das alt herkommen/vnd Väterlich Testament/ Seiner
F.G.gantz vnd gar zuwider sein : Das auch dieselbe sich Keiser
                                                          Sigifmundi

Sigismundi, Bullen im geringsten nicht habe zubekelffen / sondern
das solche Bull zubehauptung S. F. G. intens vnd meinung /
allerdings *impertinenter* allegirt worden. Vnd das dem also seye /
ist allein aus dem einkigen exempel / Hertzog Otthens Pfaltz-
grauens / wann schon alle andere wider solche Bull droben an-
geregte ableinungen sölten beyseits gesetzt werden / gnugsam erwiesen. Dann alß ißt hochgedachter Hertzog Ottho / vermög
der gülden Bull *Caroli* IIII im dritten Jahr nach dem dato Reiser *Sigismundi* Bullen / nemlich den 30 *Decembris Anno* 1436 /
Churfürst Ludwigs des Jüngern Vormunder worden / hat de
berürtem seinem Pflegsohn auff den tag *sancti Matthie apostoli. anno*
1442 / auff welchem der Pflegsohn sein achtzehend Jahr erfüllet / die Churfürstliche regierung gäntzlich vbergeben vnd abgetretten : Welchs zwar Hertzog Otths nicht gethan / sondern die
Regierung in seinen händen würde behalten haben / da auß mehr-
gedachter Reiser *Sigismundi* Bull / der verstand / wie Hertzog Reicharden Pfaltzgrauen eingebildet wird / hette können erzwungen
werden : inmassen auch weiland Pfaltzgraue Johan Casimir /
Christseligster gedechtnuß / zu abdretung der Churfürstlichen
administration vnd regirung sich nicht der gestalt / wie beschehen /
erkleret / anerboten / vnd gefast gemacht / sondern wann Seine F.
G. lenger im leben verblieben vnd dessen weren befugt gewesen /
dieselbe ohne allen zweiffel würden in handen behalten haben.
Vnd ob wol S. Churf. G. gerechtsame / hingegen aber Hertzog
Reicharde Pfaltzgrauen vnfug auß solchem allem gnugsam / ja
vberflüssig erwiesen vnd dargethan. So kan man doch nicht
vmgehen noch diß zuvermelden / das es zwar gantz frembd vnd
vngereimt zuhören / das ein Churfürst der durch eine wahl zum
Churfürsten erwehlet vnd bestetigt / Wan er achßzehen jar alt / selbst
absque curatore oder *adiudore* regieren kan : hingegen aber dem jenigen der durch ordenliche erbliche *succession* ein Churfürst ist / wie
in vnserem fall / die Churfürstliche regierung solte abgestrickt / oder
ein *Curator siue Administrator* beygeordnet werden. Nun

Nun findet man in *catalogo* der Ertzbischoffe vnd Churfürsten
zu Meintz/wie der zu Cöln *Anno* 1580.durch *Godesridum Kempensem*
ist gedruckt worden/das im Jahr 1482/ Hertzog Albrecht
zu Sachssen Churfürst/Ernsten Hertzoges zu Sachssen Sohn/
da er nur achtzehen Jahr alt gewesen / zum Churfür.zu Meintz
erwehlet vnd bestetigt worden/vnd das er solch Churfürstenthum
auch in seinem geringen alter ohne einigen adiutorn oder Curatorn löblich regieret hat. Was nun einem erwehlten Churfürsten
zugelassen wird / das soll ja viel mehr einem Churf.der durch or-
dentlich successiō vnd erbschafft zum Churfürstenthumb gelangt/
verstattet werden. *Ius enim naturale,ex quo hereditates & *
successiones oriuntur , fortius operatur; quam ius positiuum
aut consuetudinarium, secundum quod per
Electionem eiusmodi dignita-
tes conferuntur.

www.ingramcontent.com/pod-product-compliance
Lightning Source LLC
Chambersburg PA
CBHW021549270326
41930CB00008B/1429